Impressum
Verlag: BABADADA GmbH, Nedderfeld 112 , 22529 Hamburg
Geschäftsführer / Verlagsleitung: Harald Hof
Druck: Books on Demand GmbH, In de Tarpen 42, 22848 Norderstedt

Imprint
Publisher: BABADADA GmbH, Nedderfeld 112 , 22529 Hamburg, Germany
Managing Director / Publishing direction: Harald Hof
Print: Books on Demand GmbH, In de Tarpen 42, 22848 Norderstedt

school
skola

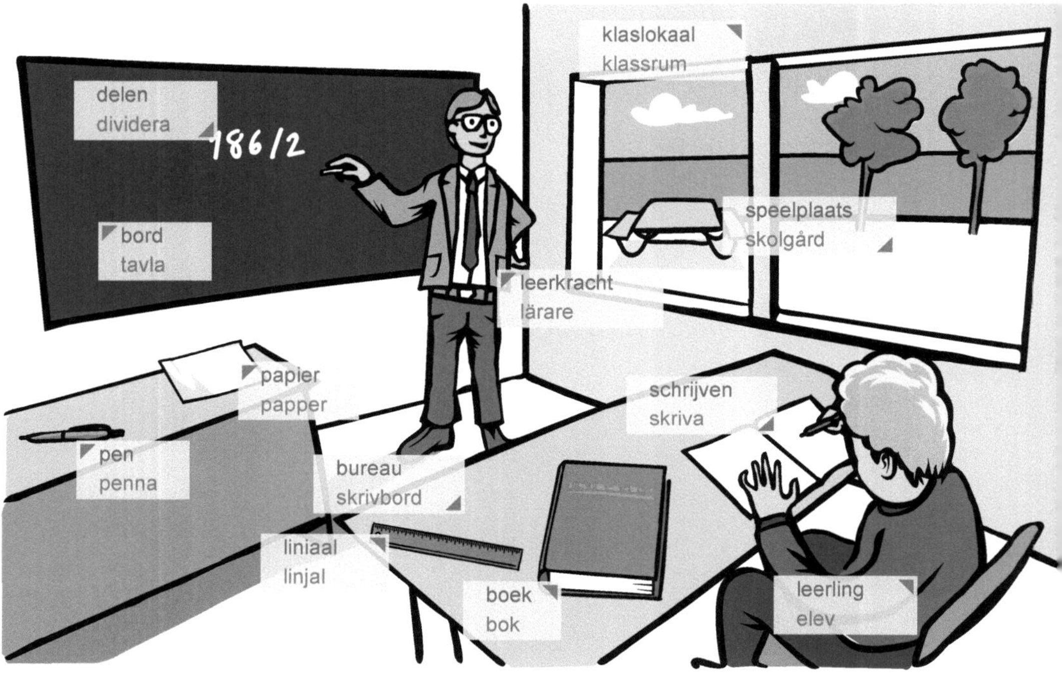
klaslokaal
klassrum
delen
dividera
186/2
speelplaats
skolgård
bord
tavla
leerkracht
lärare
papier
papper
schrijven
skriva
pen
penna
bureau
skrivbord
liniaal
linjal
boek
bok
leerling
elev

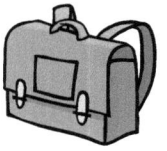

schooltas
skolväska

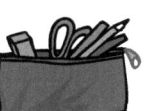

pennenzak
pennfodral

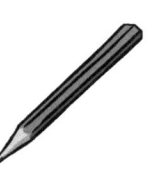

potlood
blyertspenna

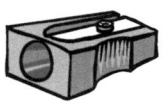

puntenslijper
pennvässare

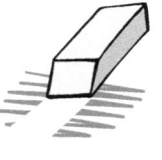

gom
suddgummi

tekenblok
ritblock

tekening

teckning

verfborstel

pensel

verfdoos

målarlåda

schaar

sax

lijm

lim

werkboek

övningsbok

huiswerk

hemläxa

nummer

tal

optellen

addera

aftrekken

subtrahera

vermenigvuldigen

multiplicera

rekenen

räkna

letter

bokstav

alfabet

alfabet

woord

ord

tekst

text

Lezen

läsa

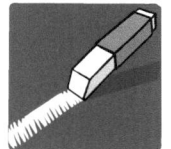

krijt

krita

les

lektion

klassenboek

register

examen

prov

certificaat

intyg

schooluniform

skoluniform

onderwijs

utbildning

encyclopedie

uppslagsverk

universiteit

universitet

microscoop

mikroskop

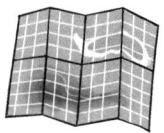

kaart

karta

papiermand

papperskorg

reis
resa

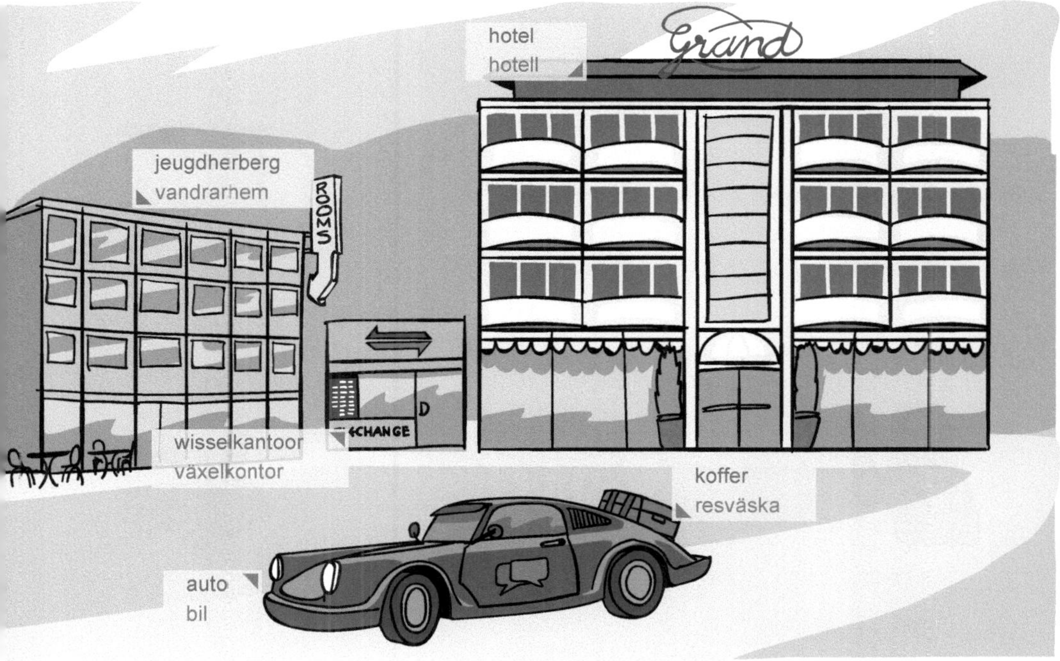

hotel
hotell
Grand
jeugdherberg
vandrarhem
ROOMS
wisselkantoor
växelkontor
koffer
resväska
auto
bil

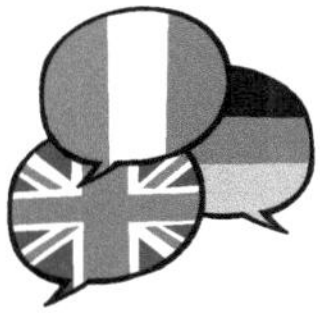

Taal

språk

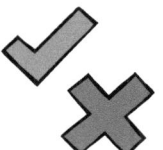

ja / nee

ja / nej

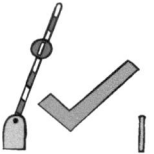

oké

Okay

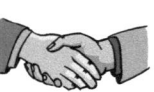

hallo

hej

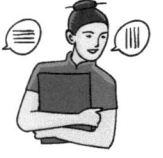

vertaler

översättare

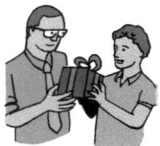

bedankt

Tack

Hoeveel kost …?

hur mycket kostar…?

Ik begrijp het niet

jag förstår inte

probleem

problem

Goedenavond!

God kväll!

Goedemorgen!

God morgon!

Goedenavond!

God natt!

Tot ziens

hejdå

richting

riktning

bagage

bagage

zak

väska

rugzak

ryggsäck

gast

gäst

kamer

rum

slaapzak

sovsäck

tent

tält

toeristeninformatie

turistinformation

strand

strand

kredietkaart

kreditkort

ontbijt

frukost

lunch

lunch

avondeten

middag

ticket

biljett

lift

hiss

postzegel

frimärke

grens

gräns

douane

tull

ambassade

ambassad

visum

visum

paspoort

pass

transport

transport

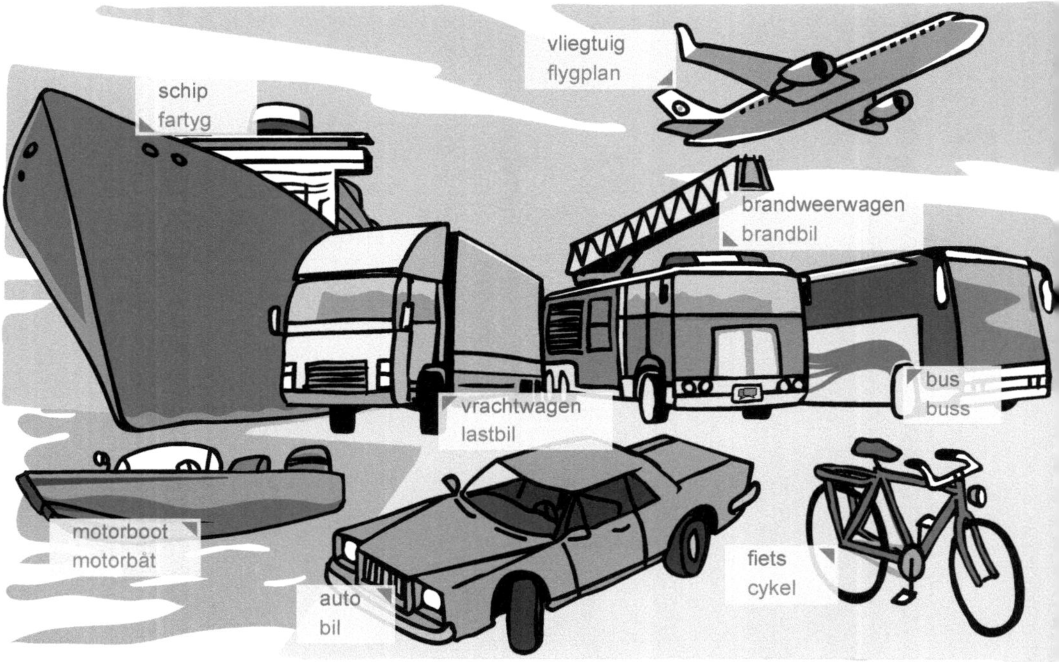
vliegtuig
flygplan
schip
fartyg
brandweerwagen
brandbil
bus
buss
vrachtwagen
lastbil
motorboot
motorbåt
fiets
cykel
auto
bil

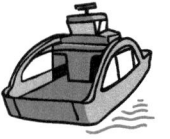

veerboot

färja

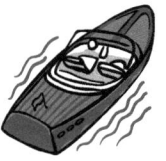

boot

båt

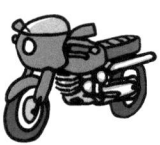

motor

motorcykel

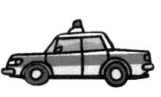

politiewagen

polisbil

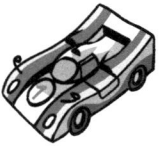

racewagen

racerbil

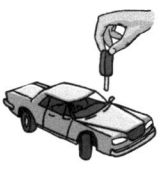

huurauto

hyrbil

carpoolen

bilpool

sleepwagen

bärgningsbil

vuilniswagen

sopbil

motor

motor

benzine

bränsle

benzinestation

bensinstation

verkeersbord

vägmärke

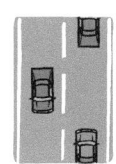

verkeer

trafik

file

bilkö

parkeerplaats

parkeringsplats

station

tågstation

sporen

räls

trein

tåg

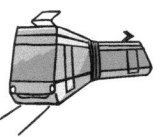

tram

spårvagn

wagon

vagn

helikopter

helikopter

luchthaven

flygplats

toren

torn

passagier

passagerare

container

container

karton

kartong

kar

vagn

mand

korg

opstijgen / landen

starta / landa

stad

stad

dorp

by

stadscentrum

centrum

huis

hus

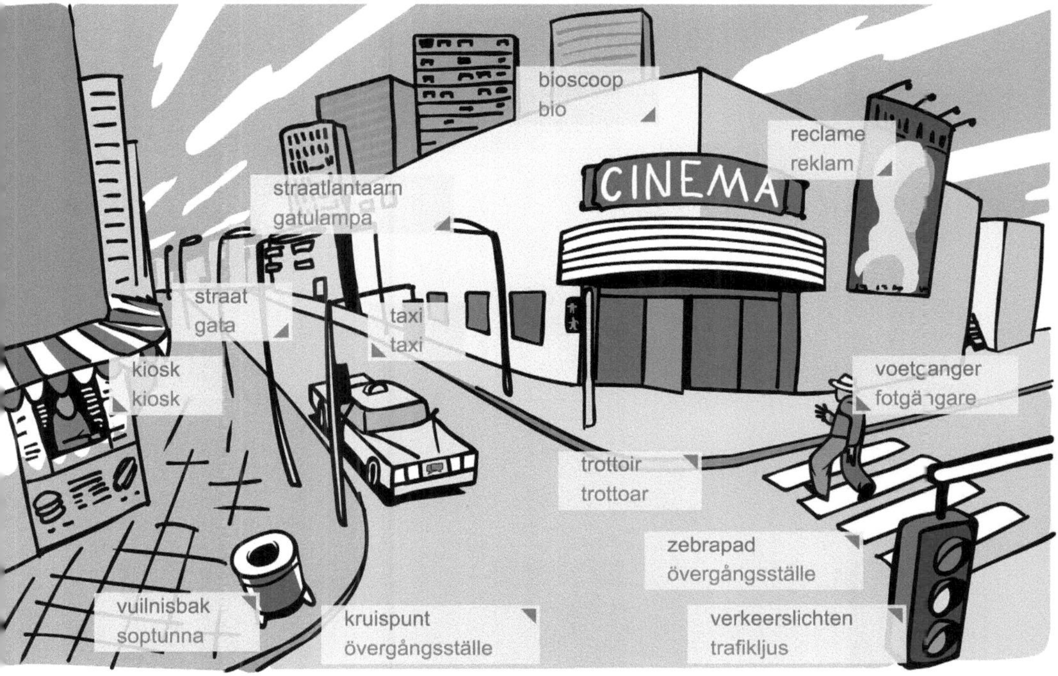
bioscoop
bio
reclame
reklam
CINEMA
straatlantaarn
gatulampa
straat
gata
taxi
taxi
kiosk
kiosk
voetganger
fotgängare
trottoir
trottoar
zebrapad
övergångsställe
vuilnisbak
soptunna
kruispunt
övergångsställe
verkeerslichten
trafikljus

hut

stuga

woning

lägenhet

station

tågstation

stadshuis

stadshus

MUSEUM

museum

museum

school

skola

universiteit

universitet

bank

bank

ziekenhuis

sjukhus

hotel

hotell

apotheek

apotek

kantoor

kontor

boekwinkel

bokhandel

winkel

affär

bloemenwinkel

blomsterbutik

supermarkt

stormarknad

markt

marknad

warenhuis

varuhus

vishandelaar

fiskhandlare

winkelcentrum

köpcentrum

haven

hamn

park
park

bank
bänk

brug
brygga

trap
trappa

metro
tunnelbana

tunnel
tunnel

bushalte
busshållplats

bar
bar

restaurant
restaurang

brievenbus
brevlåda

straatnaambord
gatuskylt

parkeermeter
parkeringsautomat

zoo
zoo

zwembad
simbassäng

moskee
moské

boerderij

bondgård

milieuverontreiniging

förorening

kerkhof

kyrkogård

kerk

kyrka

speelplaats

lekplats

tempel

tempel

landschap
landskap

blad / löv

wegwijzer / vägskylt

weg / väg

weide / äng

steen / sten

wandelaar / liftare

boom / träd

rivier / flod

gras / gräs

bloem / blomma

vallei
dal

heuvel
kulle

meer
sjö

bos
skog

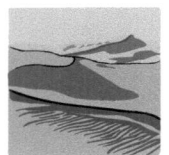

woestijn
öken

vulkaan
vulkan

kasteel
slott

regenboog
regnbåge

paddenstoel
svamp

palmboom
palm

mug
mygga

vlieg
fluga

mier
myra

bijl
bi

spin
spindel

kever
skalbagge

kikker
groda

eekhoorn
ekorre

egel
igelkott

haas
hare

uil
uggla

vogel
fågel

zwaan
svan

wild zwijn
vildsvin

hert
rådjur

eland
älg

dam
damm

windturbine
vindkraftverk

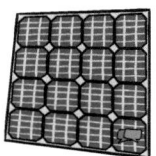

zonnepaneel
solcellspanel

klimaat
klimat

landschap - landskap

restaurant
restaurang

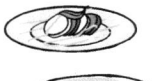

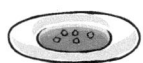

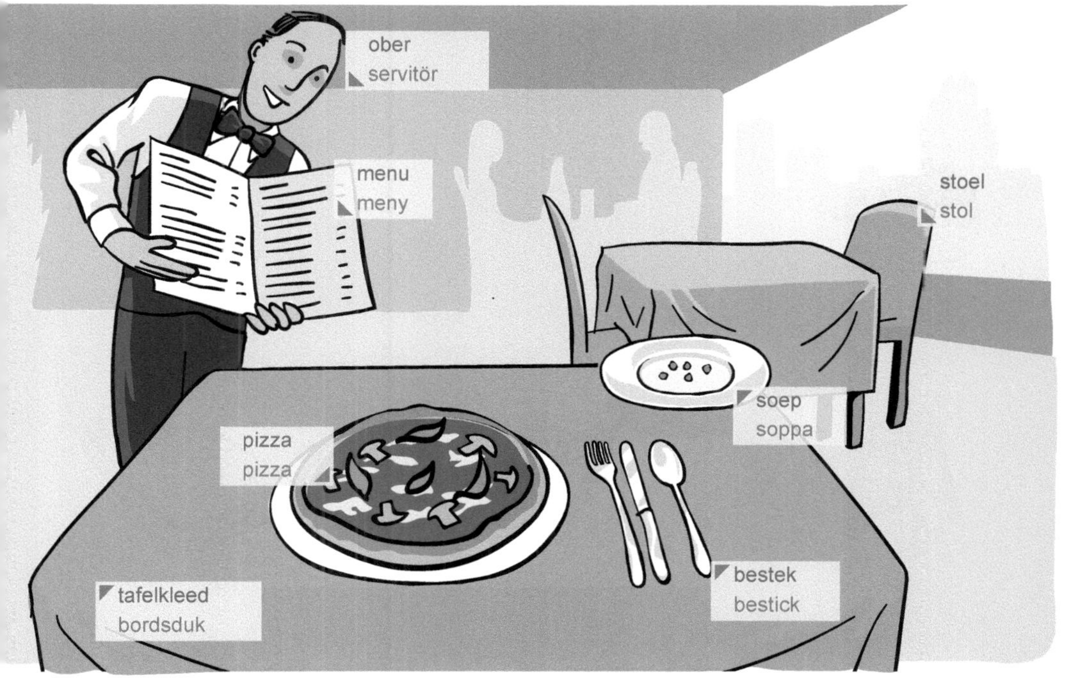
ober
servitör
menu
meny
stoel
stol
soep
soppa
pizza
pizza
tafelkleed
bordsduk
bestek
bestick

voorgerecht

förrätt

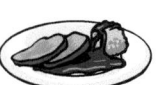

hoofdgerecht

huvudrätt

nagerecht

dessert

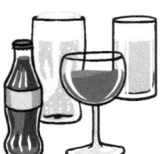

drankjes

drycker

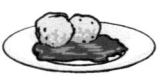

eten

mat

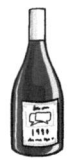

fles

flaska

fastfood

snabbmat

street food

street food

theepot

tekanna

suikerpot

sockerskål

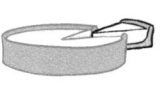

portie

portion

espressomachine

espressomaskin

kinderstoel

barnstol

rekening

räkning

dienblad

bricka

mes

kniv

vork

gaffel

lepel

sked

theelepel

tesked

serviette

servett

glas

glas

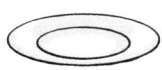

bord
tallrik

soepbord
sopptallrik

schoteltje
tefat

saus
sås

zoutvatje
saltkar

pepermolen
pepparkvarn

azijn
vinäger

olie
olja

kruiden
kryddor

ketchup
ketchup

mosterd
senap

mayonaise
majonnäs

supermarkt
stormarknad

aanbieding
specialerbjudande
FOR
klant
kund
zuivelproducten
mejeriprodukter
fruit
frukt
winkelwagen
varukorg

BUTCHERS

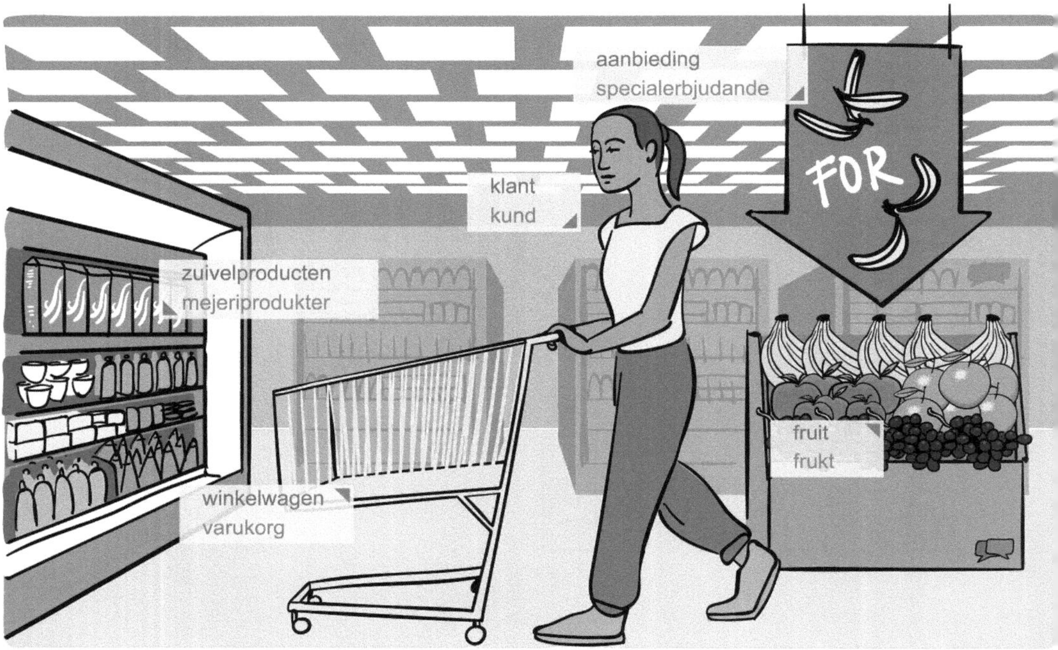

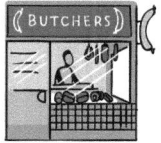

slagerij

charkuteri

BAKERY

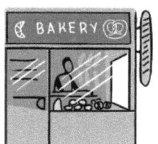

bakkerij

bageri

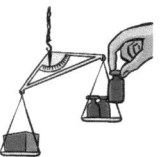

wegen

väga

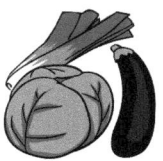

groenten

grönsaker

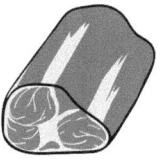

vlees

kött

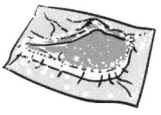

diepvriesvoedsel

frysta livsmedel

charcuterie

pålägg

conserven

konserver

waspoeder

tvättmedel

snoep

godis

huishoudproducten

hushållsprodukter

schoonmaakproducten

rengöringsmedel

verkoopster

försäljare

kassa

kassa

kassier

kassör

boodschappenlijstje

inköpslista

openingstijden

öppettider

portefeuille

plånbok

kredietkaart

kreditkort

tas

väska

plastieken zakje

plastpåse

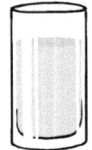

water
....
vatten

sap
....
juice

melk
....
mjölk

cola
....
cola

wijn
....
vin

bier
....
öl

alcohol
....
alkohol

cacao
....
kakao

thee
....
te

koffie
....
kaffe

espresso
....
espresso

cappuccino
....
cappuccino

banaan

banan

appel

äpple

sinaasappel

apelsin

meloen

melon

citroen

citron

wortel

morot

knoflook

vitlök

bamboe

bambu

ajuin

lök

champignon

svamp

noten

nötter

noodles

nudlar

spaghetti

spaghetti

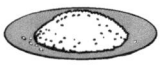

rijst

ris

salade

sallad

frieten

pommes frites

gebakken aardappelen

stekt potatis

pizza

pizza

hamburger

hamburgare

sandwich

smörgås

kalfslapje

schnitzel

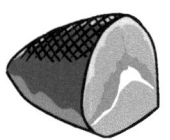

ham

skinka

salami

salami

worst

korv

kip

kyckling

braden

stek

vis

fisk

havervlokken

havregryn

muesli

müsli

cornflakes

cornflakes

bloem

mjöl

croissant

croissant

pistolet

fralla

brood

bröd

toast

rostat bröd

koekjes

kex

boter

smör

kwark

kvarg

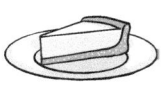

taart

kaka

ei

ägg

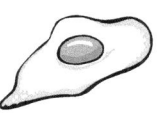

spiegelei

stekt ägg

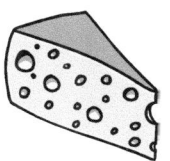

kaas

ost

ijs

glass

suiker

socker

honing

honung

confituur

sylt

choco

nougatkräm

curry

curry

boerderij
bondgård

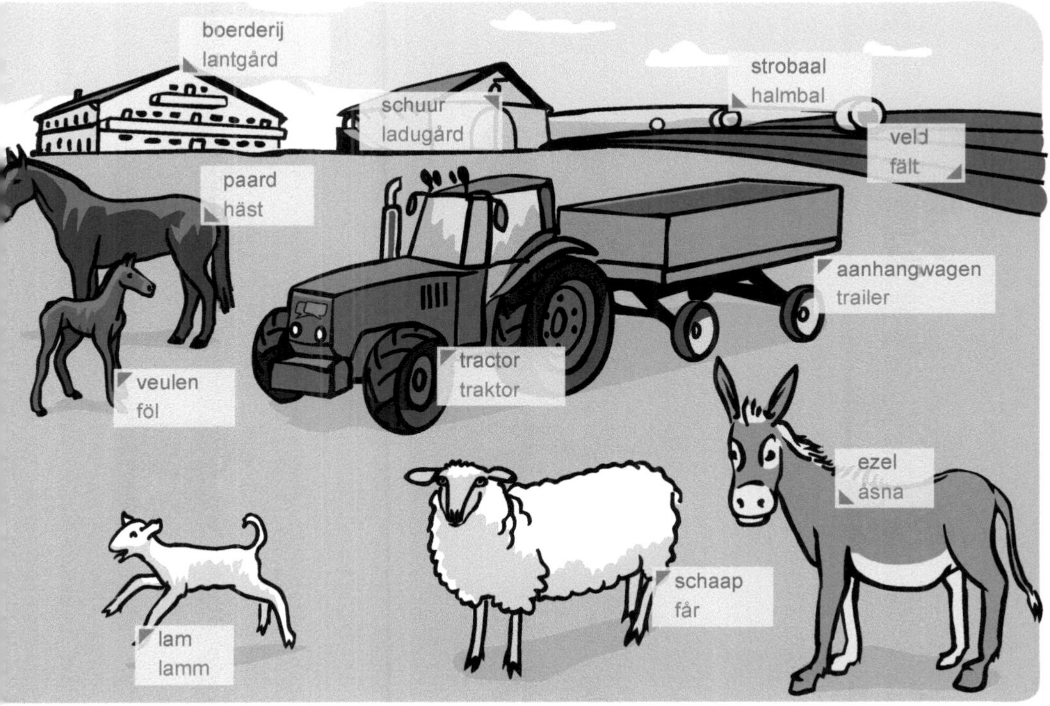
boerderij
lantgård
schuur
ladugård
strobaal
halmbal
veld
fält
paard
häst
aanhangwagen
trailer
veulen
föl
tractor
traktor
ezel
åsna
schaap
får
lam
lamm

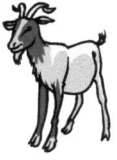

geit
get

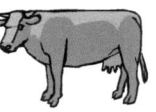

koe
ko

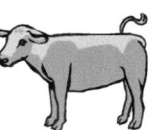

kalf
kalv

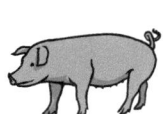

varken
gris

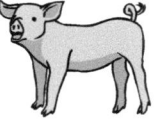

biggetje
griskulting

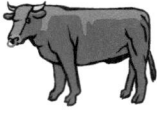

stier
tjur

gans	eend	kuiken
gås	anka	kyckling

kip	haan	rat
höna	tupp	råtta

kat	muis	os
katt	mus	oxe

hond	hondenhok	tuinslang
hund	hundkoja	trädgårdsslang

gieter	zeis	ploeg
vattenkanna	lie	plog

sikkel

skära

schoffel

hacka

hooivork

högaffel

bijl

yxa

kruiwagen

skottkärra

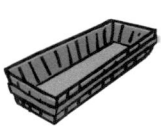

trog

tråg

melkkan

mjölkflaska

zak

säck

hek

staket

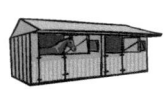

stal

stall

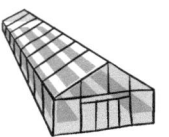

broeikas

växthus

bodem

jord

zaad

säd

mest

gödsel

maaidorser

skördetröska

oogsten
skörda

oogst
skörd

yam
jams

tarwe
vete

soja
soja

aardappel
potatis

maïs
majs

koolzaad
raps

fruitboom
fruktträd

maniok
maniok

graan
spannmål

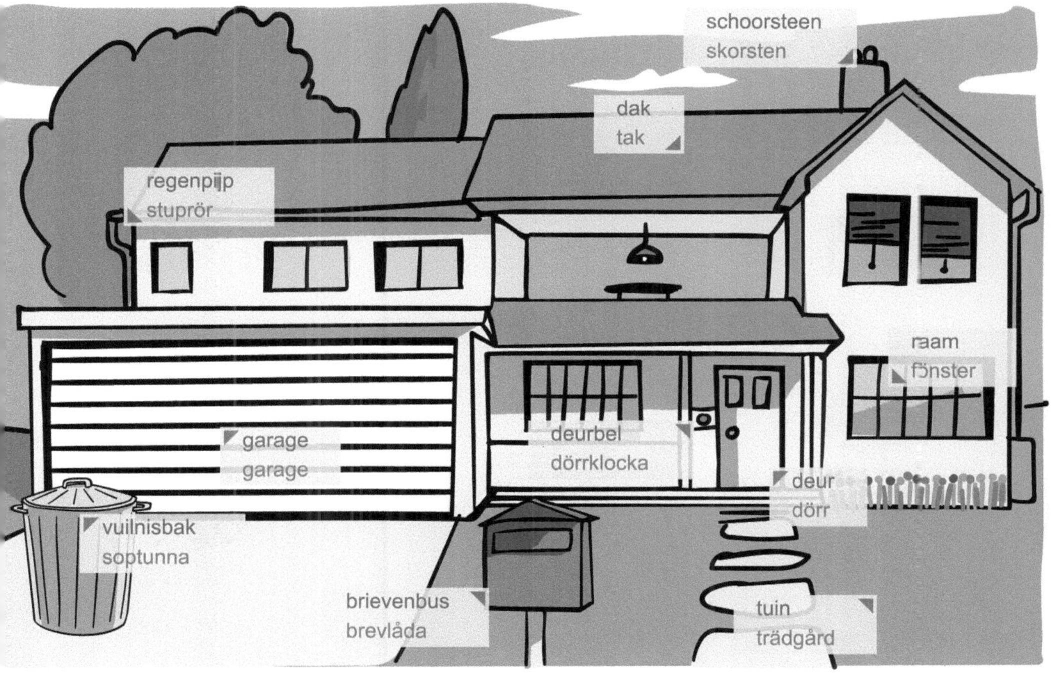

schoorsteen
skorsten

dak
tak

regenpijp
stuprör

raam
fönster

garage
garage

deurbel
dörrklocka

deur
dörr

vuilnisbak
soptunna

brievenbus
brevlåda

tuin
trädgård

woonkamer
vardagsrum

badkamer
badrum

keuken
kök

slaapkamer
sovrum

kinderkamer
barnrum

eetkamer
matsal

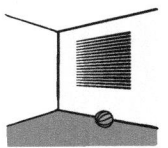

vloer

golv

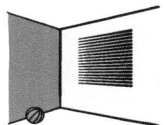

muur

vägg

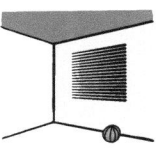

plafond

tak

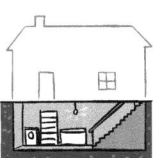

kelder

källare

sauna

bastu

balkon

balkong

terras

terrass

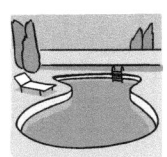

zwembad

bassäng

grasmaaier

gräsklippare

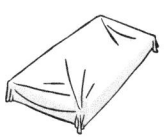

dekbedovertrek

lakan

dekbed

överkast

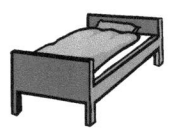

bed

säng

bezem

kvast

emmer

hink

schakelaar

strömbrytare

woonkamer
vardagsrum

behangpapier
tapet
foto
bild
lamp
lampa
schap
hylla
kast
skåp
televisie
TV
open haard
eldstad
bloem
blomma
kussen
kudde
sofa
soffa
vaas
vas
afstandsbediening
fjärrkontroll

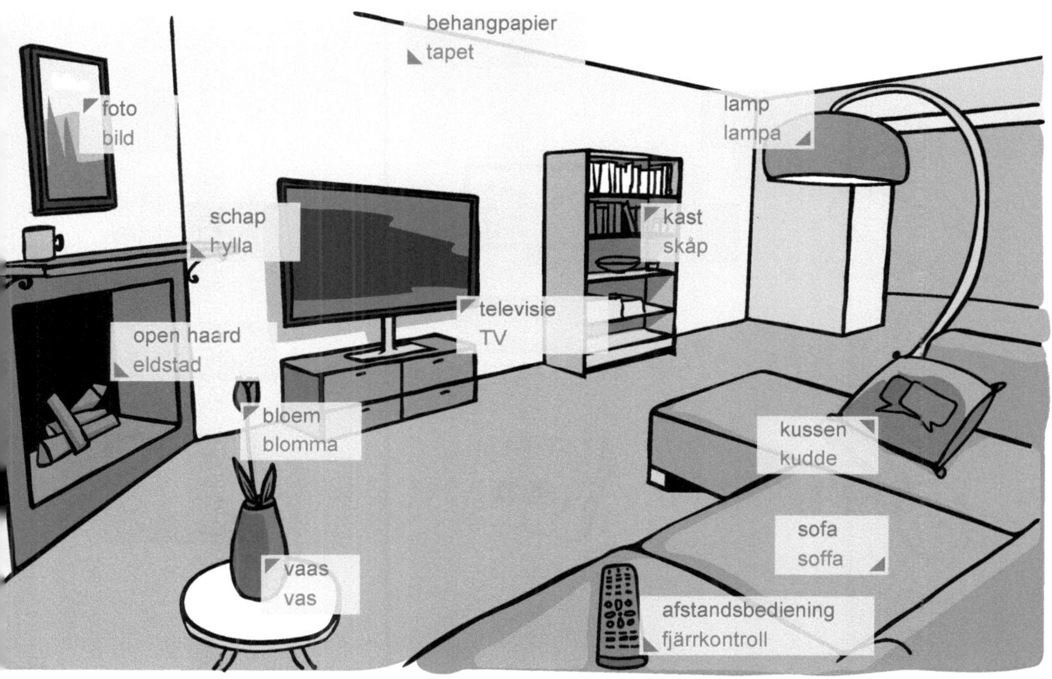

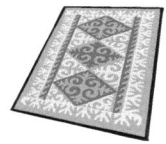

mat

matta

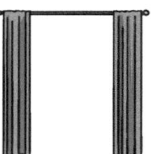

gordijn

gardin

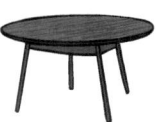

tafel

bord

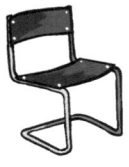

stoel

stol

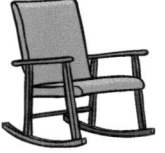

schommelstoel

gungstol

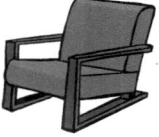

fauteuil

fåtölj

boek

bok

deken

filt

decoratie

dekoration

brandhout

vedträ

film

film

stereo-installatie

stereoanläggning

sleutel

nyckel

krant

dagstidning

schilderij

målning

poster

poster

radio

radio

notitieboekje

anteckningsbok

stofzuiger

dammsugare

cactus

kaktus

kaars

stearinljus

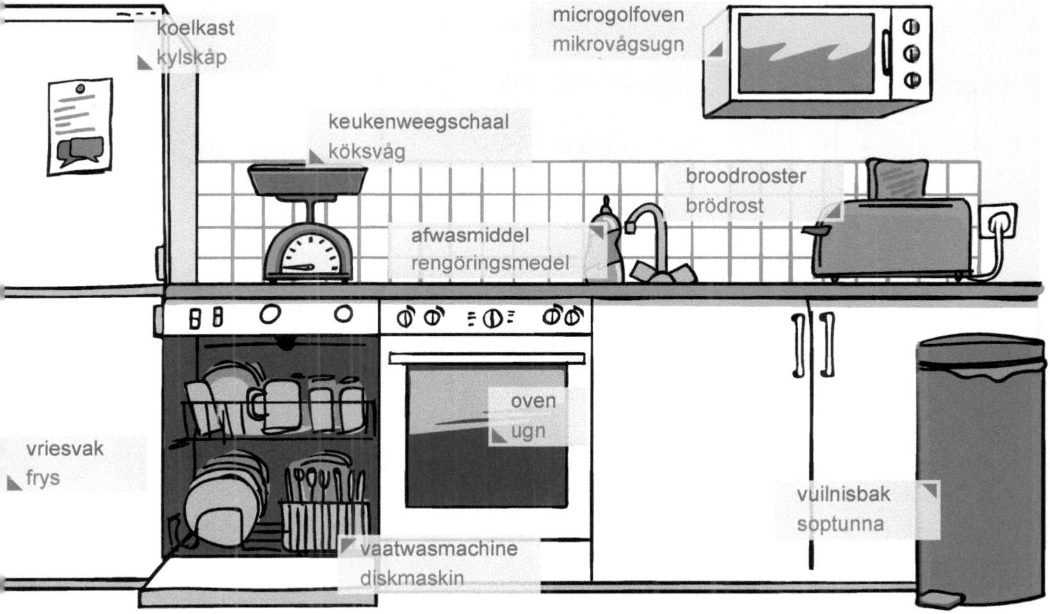

koelkast
kylskåp

microgolfoven
mikrovågsugn

keukenweegschaal
köksvåg

broodrooster
brödrost

afwasmiddel
rengöringsmedel

oven
ugn

vriesvak
frys

vuilnisbak
soptunna

vaatwasmachine
diskmaskin

fornuis
spis

pot
kastrull

gietijzeren pot
järngryta

wok / kadai
wok / kadai

pan
stekpanna

waterkoker
vattenkokare

stoomkoker

ångkokare

bakplaat

bakplåt

servies

porslin

mok

mugg

kom

skål

eetstokjes

ätpinnar

pollepel

soppslev

spatel

stekspade

garde

visp

vergiet

durkslag

zeef

sil

rasp

rivjärn

mortier

mortel

barbecue

grill

haardvuur

brasa

snijplank
skärbräda

deegrol
kavel

kurkentrekker
korkskruv

blik
burk

blikopener
burköppnare

pannenlap
grytlapp

gootsteen
vask

borstel
borste

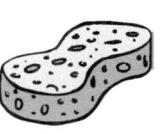

spons
svamp

blender
mixer

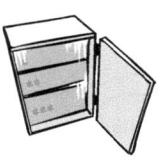

vriezer
frys

papfles
nappflaska

kraan
kran

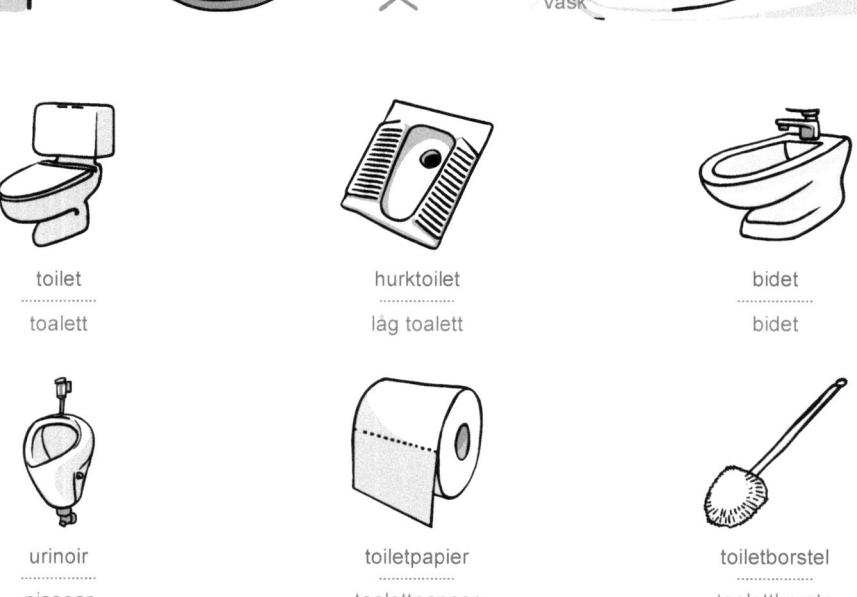

badkamer
badrum

douche
dusch
verwarming
värme
handdoek
handduk
douchegordijn
duschdraperi
bubbelbad
bubbelbad
badkuip
badkar
glas
glas
wasmachine
tvättmaskin
kraan
kran
tegels
kakel
kinderpo
potta
gootsteen
vask

toilet

toalett

hurktoilet

låg toalett

bidet

bidet

urinoir

pissoar

toiletpapier

toalettpapper

toiletborstel

toalettborste

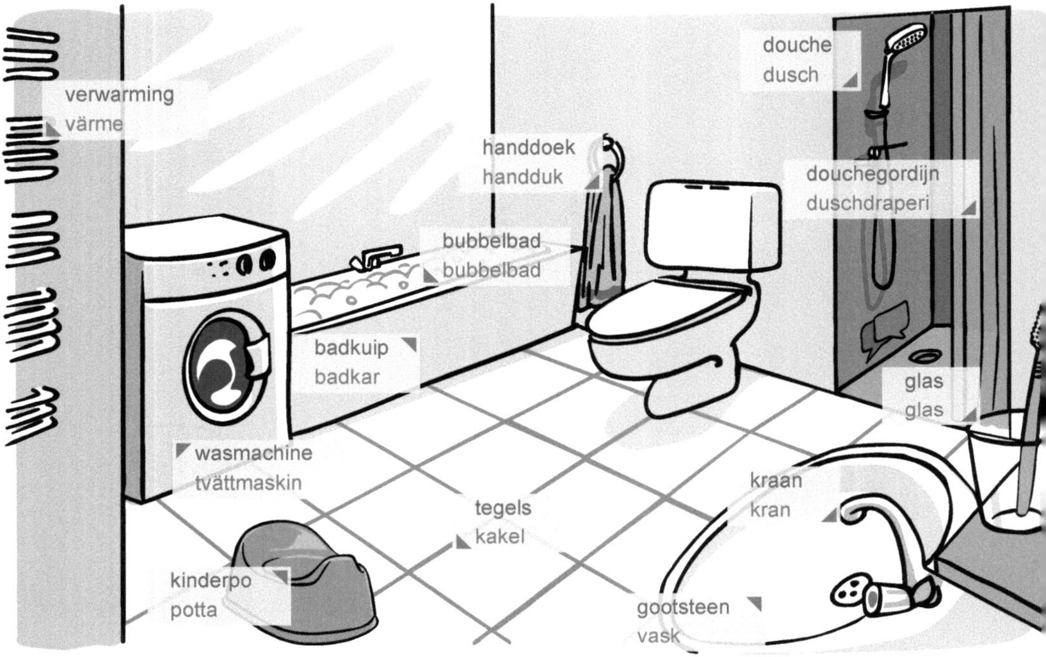

tandenborstel

tandborste

tandpasta

tandkräm

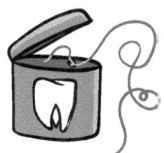

flosdraad

tandtråd

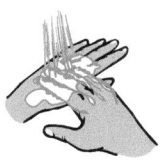

wassen

tvätta

handdouche

handdusch

bidethanddouche

intimdusch

waskom

handfat

rugborstel

ryggborste

zeep

tvål

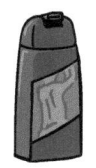

douchegel

duschgel

shampoo

schampo

washandje

trasa

afvoer

avlopp

crème

crème

deodorant

deodorant

spiegel

spegel

handspiegel

handspegel

scheermes

rakhyvel

scheerschuim

raklödder

aftershave

rakvatten

kam

kam

borstel

borste

haardroger

hårtork

haarlak

hårspray

make-up

smink

lippenstift

läppstift

nagellak

nagellack

watten

bomullsvadd

nagelknipper

nagelsax

parfum

parfym

toilettas

necessär

kruk

pall

weegschaal

våg

badjas

badrock

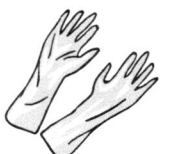

latex handschoenen

gummihandskar

tampon

tampong

maandverband

binda

chemisch toilet

kemisk toalett

kinderkamer
barnrum

wekker
väckarklocka
knuffel
gosedjur
speelgoedauto
leksaksbil
rammelaar
skallra
poppenhuis
dockhus
geschenk
present

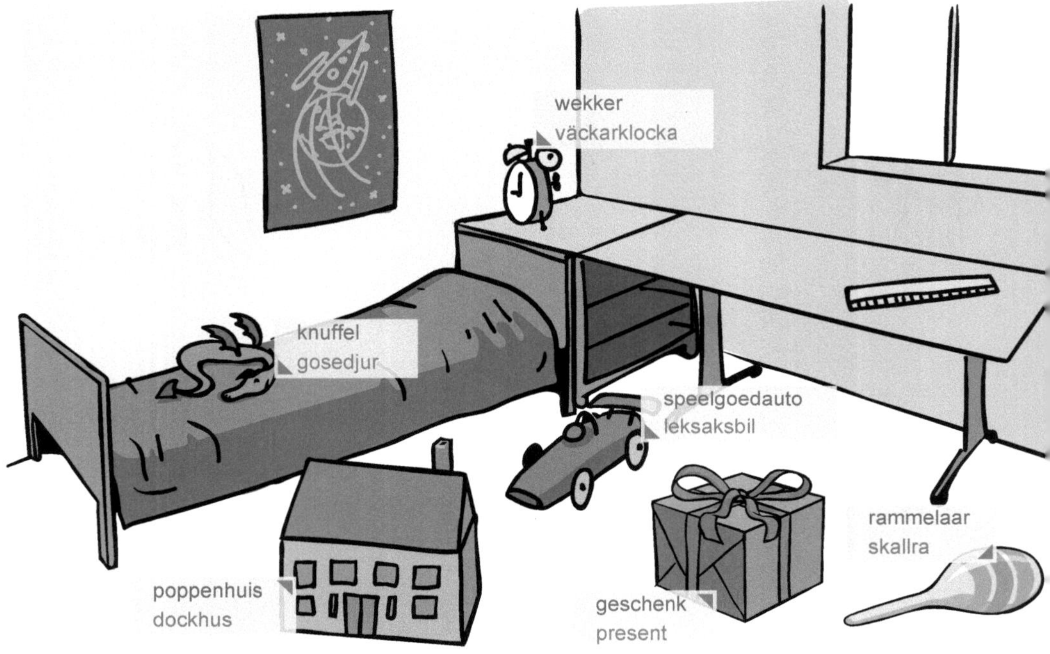

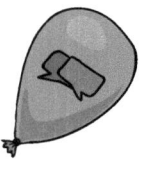

ballon
ballong

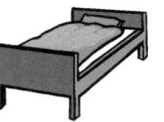

bed
säng

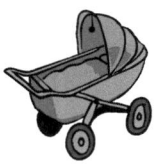

kinderwagen
barnvagn

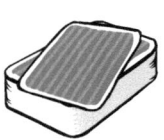

spel kaarten
kortlek

puzzel
pussel

SUPER
MEGA

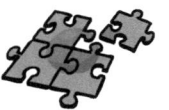

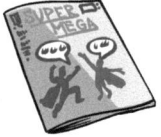

stripboek
serietidning

legoblokjes

legobitar

blokken

klossar

actiefiguur

actionfigur

kruippakje

sparkdräkt

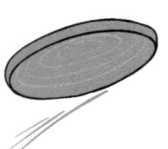

frisbee

frisbee

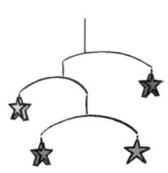

mobiel

mobil

bordspel

brädspel

dobbelsteen

tärning

modelspoorweg

modelljärnväg

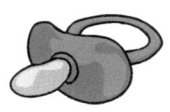

fopspeen

napp

feest

party

prentenboek

bilderbok

bal

boll

pop

docka

spelen

spela

zandbak
sandlåda

schommel
gunga

speelgoed
leksaker

spelconsole
spelkonsol

driewieler
trehjuling

knuffelbeer
nalle

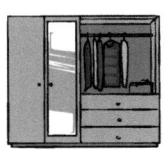

kleerkast
garderob

kleding
kläder

sokken
sockar

kousen
strumpor

maillot
tights

sjaal
halsduk

paraplu
paraply

T-shirt
t-shirt

riem
bälte

laarzen
stövlar

slippers
tofflor

sneakers
sneakers

sandalen
sandaler

schoenen
skor

rubberlaarzen
gummistövlar

onderbroek
underbyxor

beha
BH

onderhemd
linne

lichaam
body

broek
byxor

jeans
jeans

rok
kjol

blouse
blus

hemd
skjorta

trui
pullover

capuchontrui
sweater

blazer
blazer

jas
jacka

jas
kappa

regenjas
regnjacka

kostuum
dräkt

jurk
klänning

trouwjurk
bröllopsklänning

pak
kostym

nachthemd
nattlinne

pyjama
pyjamas

sari
sari

hoofddoek
slöja

tulband
turban

boerka
burka

kaftan
kaftan

abaya
abaya

badpak
baddräkt

zwembroek
badbyxor

short
shorts

trainingspak
träningsoverall

schort
förkläde

handschoenen
handskar

knoop

knapp

bril

glasögon

armband

armband

ketting

halsband

ring

ring

oorbel

örhänge

pet

mössa

kapstok

galge

hoed

hatt

das

slips

rits

dragkedja

helm

hjälm

bretellen

hängslen

schooluniform

skoluniform

uniform

uniform

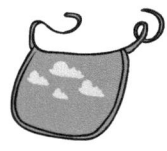

slabbetje

haklapp

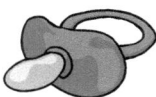

fopspeen

napp

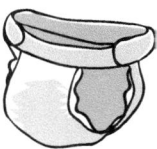

luier

blöja

kantoor

kontor

server
server
dossierkast
dokumentskåp
papier
papper
printer
skrivare
monitor
bildskärm
muis
mus
bureau
skrivbord
map
mapp
toestenbord
tangentbord
papiermand
papperskorg
computer
dator
stoel
stol

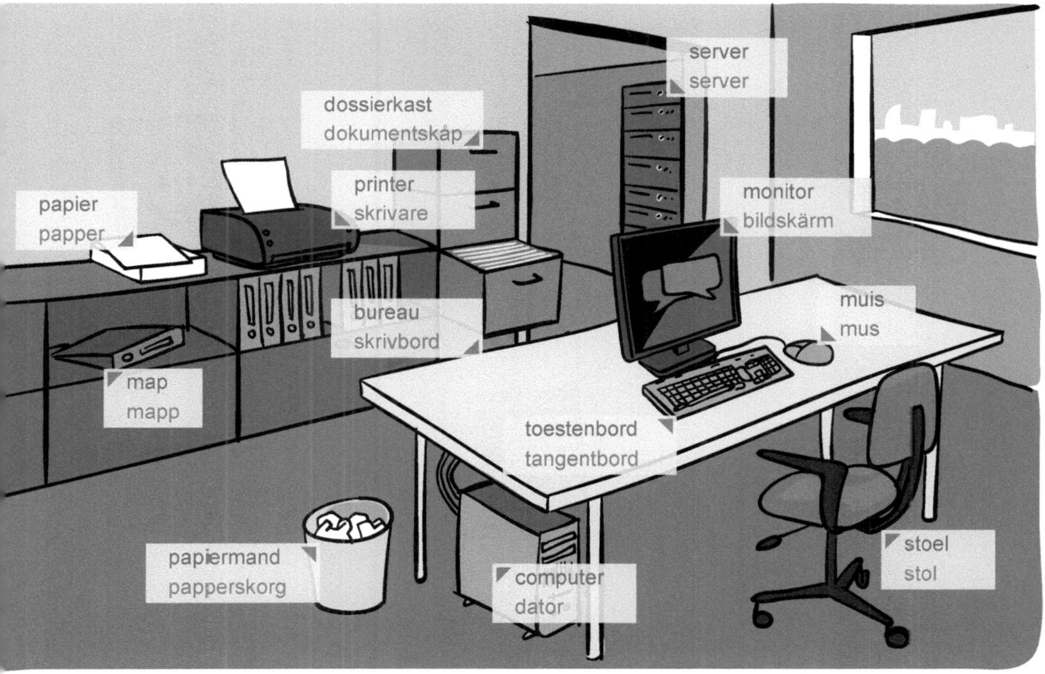

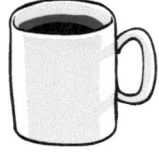

koffiemok

kaffemugg

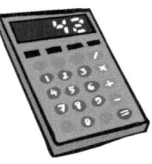

rekenmachine

miniräknare

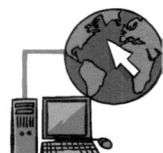

internet

internet

laptop

bärbar dator

brief

brev

bericht

meddelande

gsm

mobiltelefon

netwerk

nätverk

kopieerapparaat

kopieringsapparat

software

programvara

telefoon

telefon

stopcontact

vägguttag

fax

fax

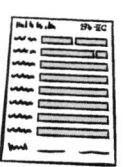

formulier

blankett

document

dokument

kopen
köpa

betalen
betala

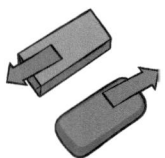

handelen
handla

geld
pengar

USD

dollar
dollar

EUR

euro
euro

JPY

yen
yen

RUB

roebel
rubel

CHF

Zwitserse frank
schweizisk franc

CNY

Chinese renminbi
renminbi yan

INR

roepie
rupie

geldautomaat
bankomat

wisselkantoor

växelkontor

goud

guld

zilver

silver

olie

olja

energie

energi

prijs

pris

contract

kontrakt

belasting

skatt

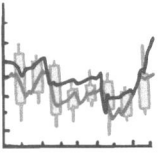

aandeel

aktie

werken

arbeta

werknemer

anställd

werkgever

arbetsgivare

fabriek

fabrik

winkel

affär

beroepen
yrken

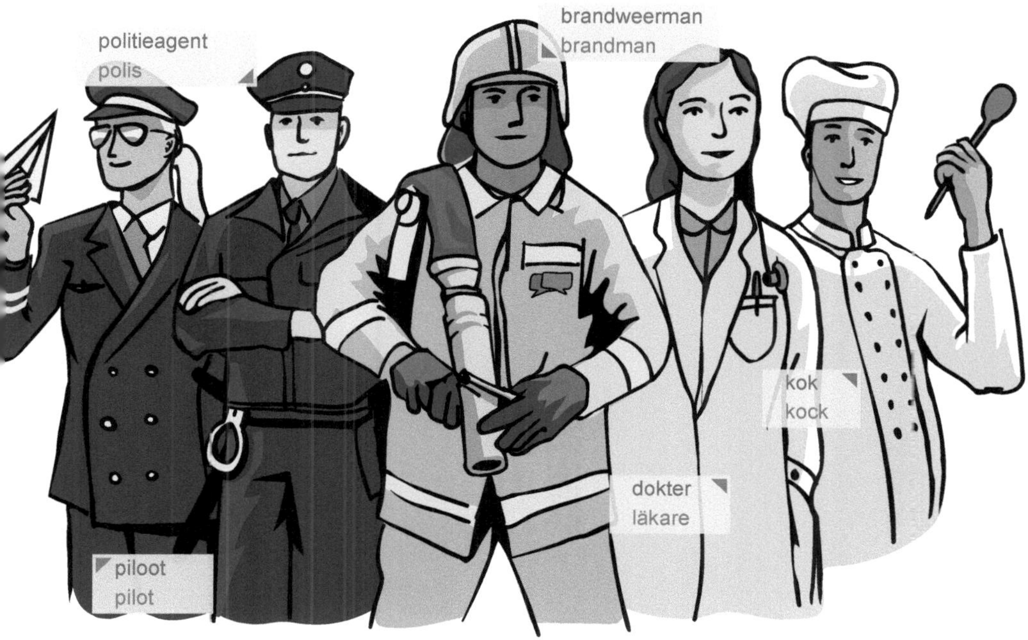
politieagent
polis
brandweerman
brandman
kok
kock
dokter
läkare
piloot
pilot

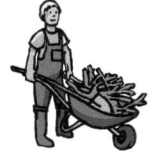

tuinman

trädgårdsmästare

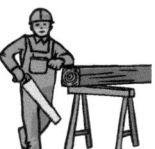

timmerman

snickare

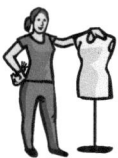

naaister

sömmerska

rechter

domare

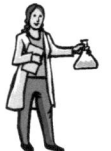

chemicus

kemist

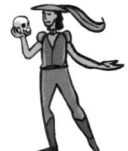

acteur

skådespelare

buschauffeur

busschaufför

taxichauffeur

taxichaufför

visser

fiskare

schoonmaakster

städerska

dakdekker

takläggare

ober

servitör

jager

jägare

schilder

målare

bakker

bagare

elektricien

elektriker

bouwvakker

byggarbetare

ingenieur

ingenjör

slager

slaktare

loodgieter

rörmokare

postbode

brevbärare

soldaat

soldat

architect

arkitekt

kassier

kassör

bloemist

florist

kapper

frisör

conducteur

konduktör

mecanicien

mekaniker

kapitein

kapten

tandarts

tandläkare

wetenschapper

vetenskapsman

rabbijn

rabbin

imam

imam

monnik

munk

geestelijke

präst

werktuigen
verktyg

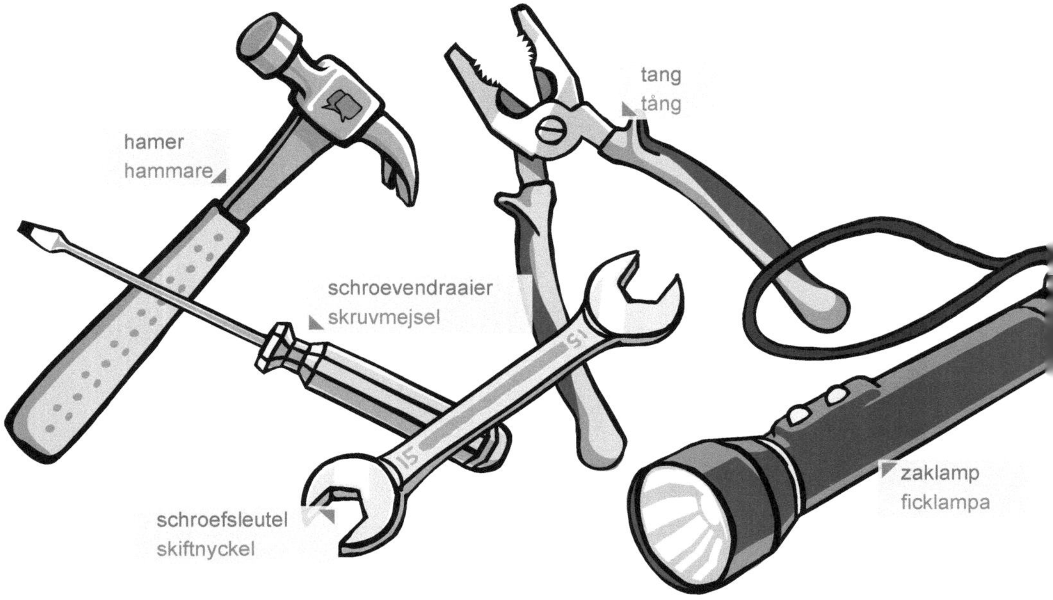

hamer
hammare
tang
tång
schroevendraaier
skruvmejsel
schroefsleutel
skiftnyckel
zaklamp
ficklampa

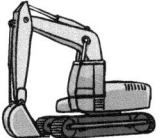

graafmachine

grävmaskin

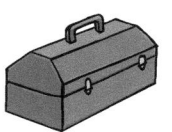

gereedschapskoffer

verktygslåda

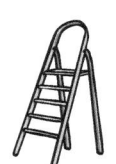

ladder

stege

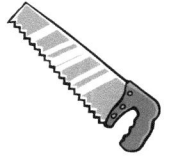

zaag

såg

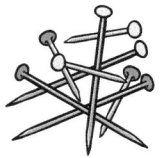

spijkers

spik

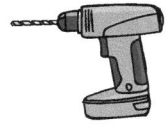

boormachine

borr

repareren

reparera

schop

spade

Verdomme!

Helvete!

blik

sopskyffel

verfpot

färgburk

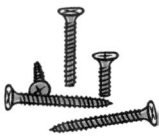

schroeven

skruvar

muziekinstrumenten
musikinstrument

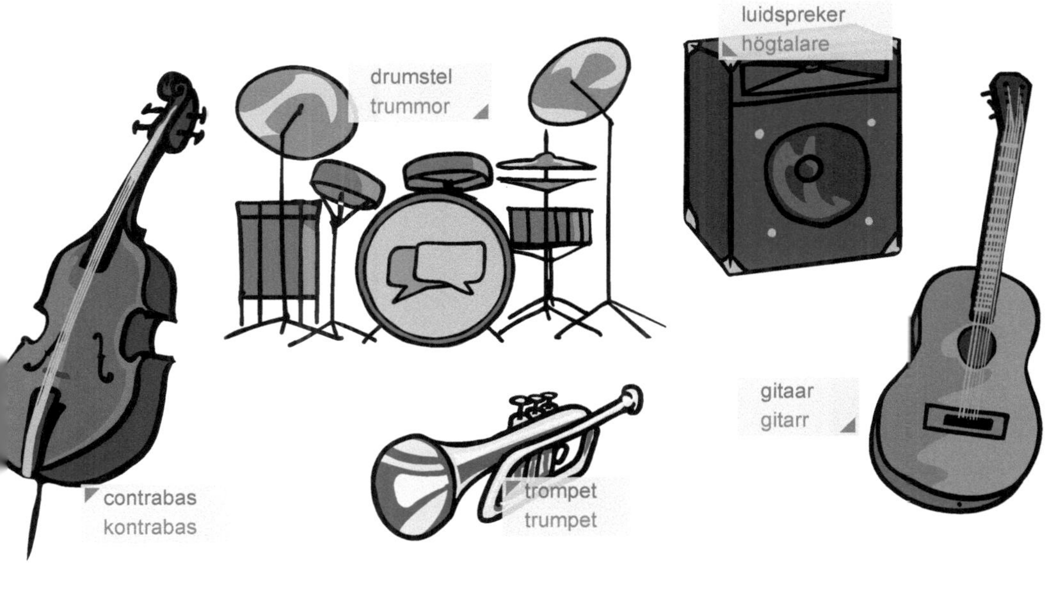

luidspreker
högtalare

drumstel
trummor

contrabas
kontrabas

trompet
trumpet

gitaar
gitarr

piano
piano

viool
violin

basgitaar
bas

pauk
timpani

trommels
trumma

keyboard
keyboard

saxofoon
saxofon

fluit
flöjt

microfoon
mikrofon

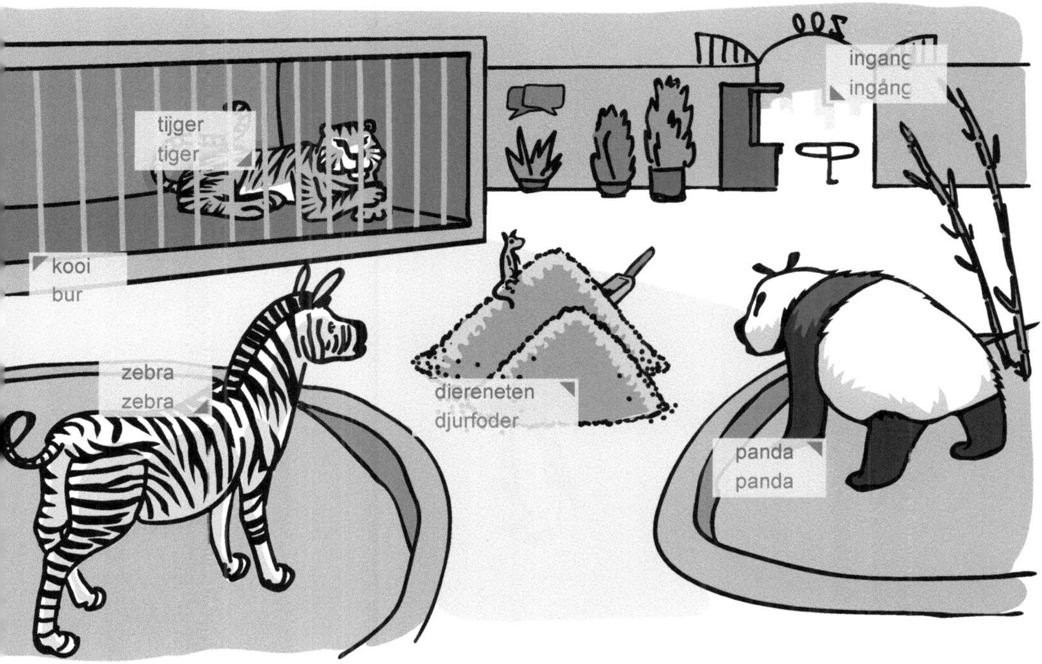

ingang
ingång

tijger
tiger

kooi
bur

zebra
zebra

diereneten
djurfoder

panda
panda

dieren
djur

olifant
elefant

kangoeroe
känguru

neushoorn
noshörning

gorilla
gorilla

beer
björn

kameel
kamel

struisvogel
struts

leeuw
lejon

aap
apa

flamingo
flamingo

papegaai
papegoja

ijsbeer
isbjörn

pinguïn
pingvin

haai
haj

pauw
påfågel

slang
orm

krokodil
krokodil

dierenverzorger
djurskötare

zeehond
säl

jaguar
jaguar

pony
ponny

luipaard
leopard

nijlpaard
flodhäst

giraffe
giraff

adelaar
örn

wild zwijn
vildsvin

vis
fisk

zeeschildpad
sköldpadda

walrus
valross

vos
räv

gazelle
gazell

rugby
amerikansk fotboll

wielrennen
cykling

tennis
tennis

basketbal
basket

zwemmen
simning

boksen
boxning

ijshockey
ishockey

voetbal
fotboll

badminton
badminton

atletiek
friidrott

handbal
handboll

skiën
skidåkning

polo
polo

springen
hoppa

knuffelen
krama

lachen
skratta

wandelen
gå

zingen
sjunga

bidden
be

kussen
kyssa

drcmen
drcmma

schrijven	tekenen	tonen
skriva	rita	visa
duwen	geven	nemen
skjuta	ge	ta

hebben

hagel

doen

göra

zijn

vara

staan

stå

lopen

springa

trekken

dra

gooien

kasta

vallen

falla

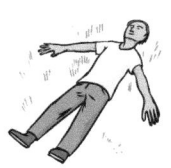

liggen

ligga

wachten

vänta

dragen

bära

zitten

sitta

aankleden

klä på

slapen

sova

ontwaken

vakna

kijken naar
se på

wenen
gråta

aaien
smeka

kammen
kamma

praten
prata

begrijpen
förstå

vragen
fråga

luisteren
höra

drinken
dricka

eten
äta

opruimen
städa

houden van
älska

koken
laga mat

rijden
köra

vliegen
flyga

zeilen

segla

rekenen

räkna

Lezen

läsa

leren

lära sig

werken

arbeta

trouwen

gifta sig

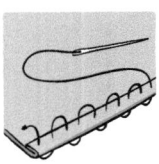

naaien

sy

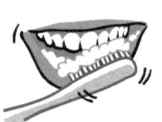

tandenpoetsen

borsta tänderna

doden

döda

roken

röka

sturen

skicka

ootmoeder
ormor/farmor

grootvader
morfar/farfar

vader
pappa

moeder
mamma

baby
baby

dochter
dotter

zoon
son

gast
gäst

tante
moster/faster

oom
farbror/morbror

broer
bror

zus
syster

lichaam
kropp

voorhoofd
panna
oog
öga
schouder
skuldra
vinger
finger
gezicht
ansikte
kin
haka
hand
hand
borst
bröst
been
ben
arm
arm

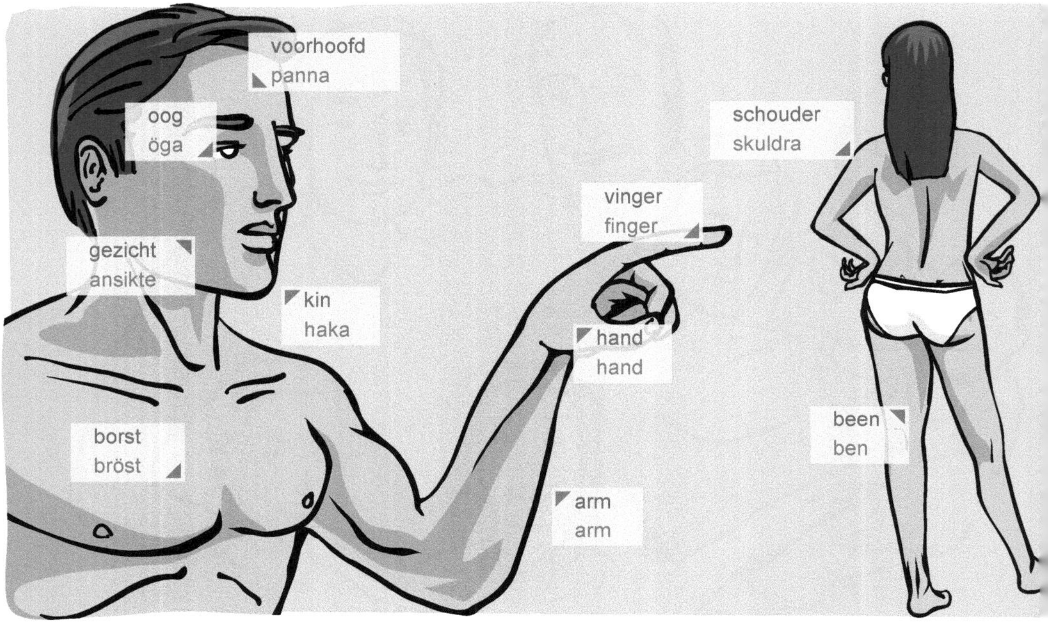

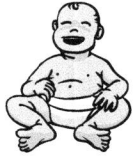

baby
baby

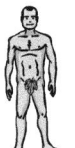

man
man

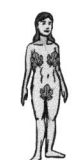

vrouw
kvinna

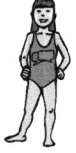

meisje
flicka

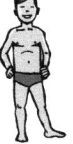

jongen
pojke

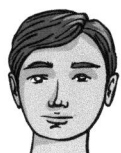

hoofd
huvud

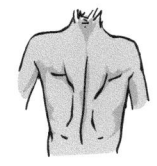

rug
rygg

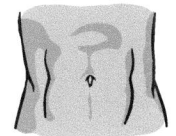

buik
mage

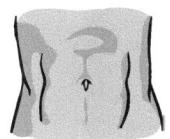

navel
navel

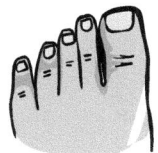

teen
tå

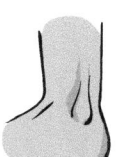

hiel
häl

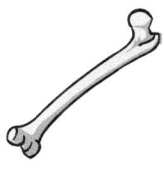

bot
ben

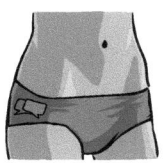

heup
höft

knie
knä

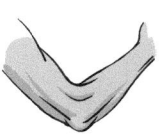

elleboog
armbåge

neus
näsa

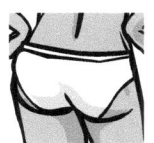

zitvlak
stjärt

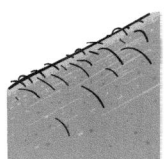

huid
hud

wang
kind

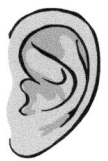

oor
öra

lip
läpp

mond

mun

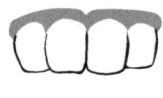

tand

tand

tong

tunga

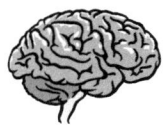

hersenen

hjärna

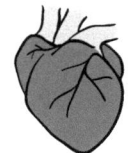

hart

hjärta

spier

muskel

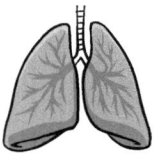

long

lunga

lever

lever

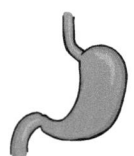

maag

magsäck

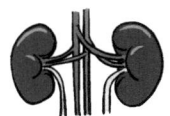

nieren

njurar

seks

sex

condoom

kondom

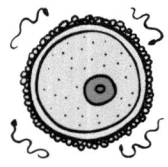

eicel

äggcell

sperma

sperma

zwangerschap

graviditet

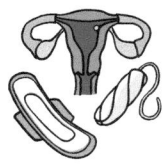

menstruatie
menstruation

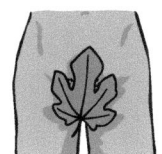

vagina
vagina

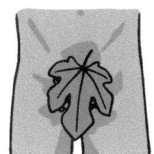

penis
penis

wenkbrauw
ögonbryn

haar
hår

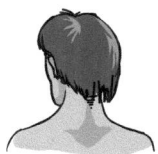

nek
nacke

ziekenhuis
sjukhus

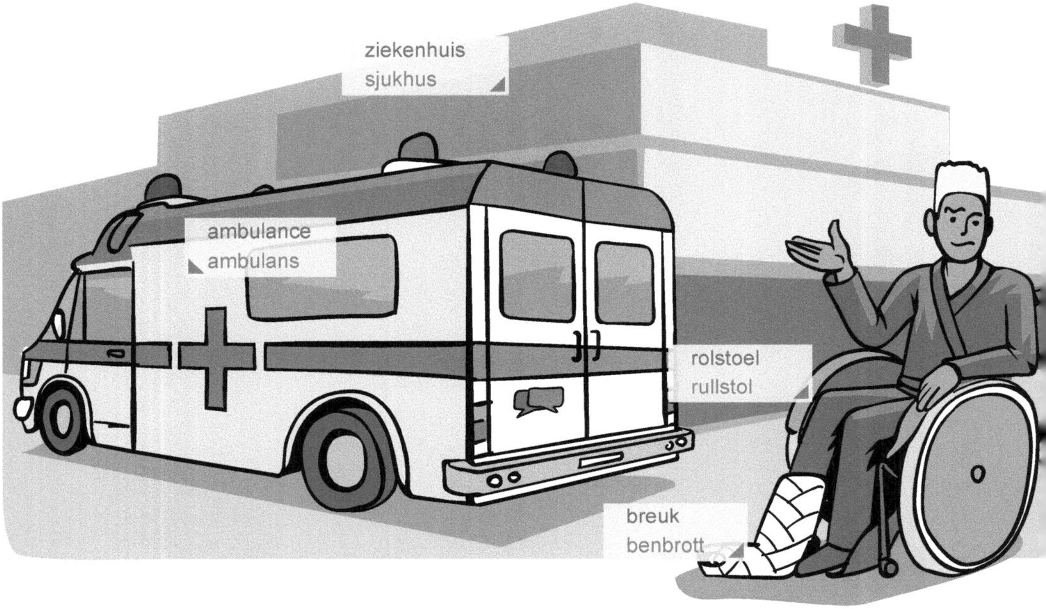

ziekenhuis
sjukhus
ambulance
ambulans
rolstoel
rullstol
breuk
benbrott

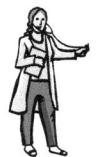

dokter

läkare

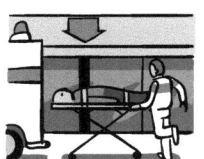

spoed

akutmottagning

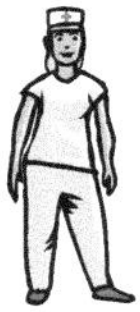

verpleegkundige

sjuksköterska

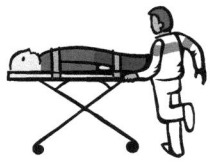

noodgeval

nödsituation

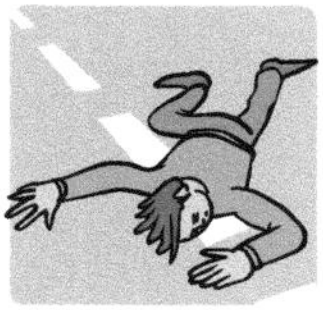

bewusteloos

medvetslös

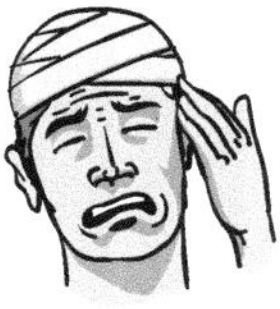

pijn

smärta

verwonding

skada

bloeding

blödning

hartaanval

hjärtattack

beroerte

slaganfall

allergie

allergi

hoest

hosta

koorts

feber

griep

influensa

diarree

diarré

hoofdpijn

huvudvärk

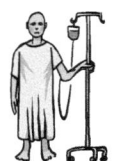

kanker

cancer

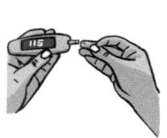

diabetes

diabetes

chirurg

kirurg

scalpel

skalpell

operatie

operation

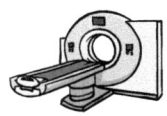

CT

CT

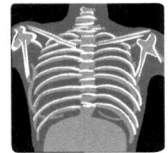

röntgenstraal

röntgen

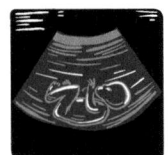

ultrageluid

ultraljud

gezichtsmasker

ansiktsmask

ziekte

sjukdom

wachtkamer

väntsal

kruk

krycka

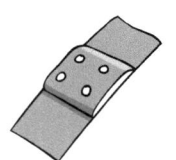

pleister

plåster

verband

bandage

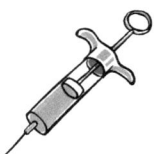

injectie

injektion

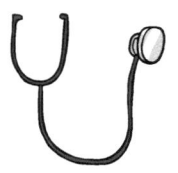

stethoscoop

stetoskop

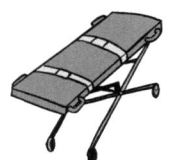

brancard

bår

thermometer

termometer

geboorte

födsel

overgewicht

övervikt

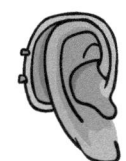

hoorapparaat

hörapparat

ontsmettingsmiddel

desinfektionsmedel

infectie

infektion

virus

virus

HIV / AIDS

HIV / AIDS

medicijn

medicin

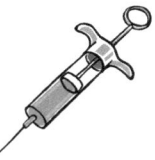

vaccinatie

vaccination

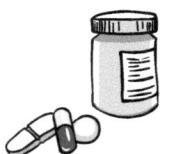

tabletten

tabletter

pil

p-piller

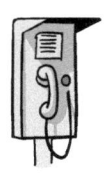

noodoproep

nödsamtal

bloeddrukmeter

blodtrycksmätare

ziek / gezond

sjuk / frisk

Help!	alarm	overval
Hjälp!	alarm	överfall

aanval	gevaar	nooduitgang
misshandel	fara	nödutgång

Brand!	brandblusser	ongeval
Det brinner!	brandsläckare	olycka

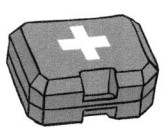		
EHBO-kit	SOS	politie
förbandslåda	SOS	polis

Europa

Europa

Noord-Amerika

Nordamerika

Zuid-Amerika

Sydamerika

Afrika

Afrika

Azië

Asien

Australië

Australien

Atlantische Oceaan

Atlanten

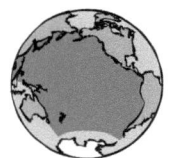

Stille Oceaan

Stilla Havet

Indische Oceaan

Indiska Oceanen

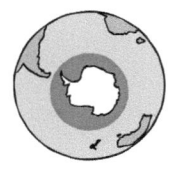

Antarctische Oceaan

Antarktiska Oceanen

Arctische Oceaan

Arktiska Oceanen

Noordpool

Nordpol

Zuidpool
Sydpol

Antarctica
Antarktis

aarde
Jorden

land
land

zee
hav

eiland
ö

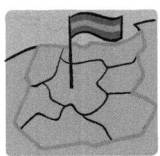

natie
nation

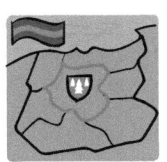

staat
stat

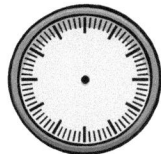

wijzerplaat

urtavla

uurwijzer

timvisare

minuutwijzer

minutvisare

secondewijzer

sekundvisare

Hoe laat is het?

Vad är klockan?

dag

dag

tijd

tid

nu

nu

digitale horloge

digital klocka

minuut

minut

uur

timme

week

vecka

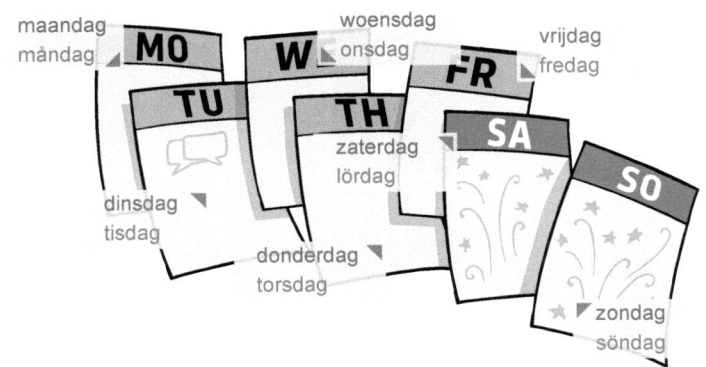

maandag / måndag — MO
woensdag / onsdag — W
vrijdag / fredag — FR
dinsdag / tisdag — TU
zaterdag / lördag — SA
donderdag / torsdag — TH
zondag / söndag — SO

gisteren
....
igår

vandaag
....
idag

morgen
....
imorgon

ochtend
....
morgon

middag
....
middag

avond
....
kväll

MO	TU	WE	TH	FR	SA	SU
1	2	3	4	5	6	7
8	9	10	11	12	13	14
15	16	17	18	19	20	21
22	23	24	25	26	27	28
29	30	31	1	2	3	4

werkdagen
....
vardagar

MO	TU	WE	TH	FR	SA	SU
1	2	3	4	5	6	7
8	9	10	11	12	13	14
15	16	17	18	19	20	21
22	23	24	25	26	27	28
29	30	31	1	2	3	4

weekend
....
helg

jaar
år

regen
regn
regenboog
regnbåge
wind
vind
sneeuw
snö
lente
vår
herfst
höst
zomer
sommar
winter
vinter

4.APRIL 11°
5.APRIL 4°
6.APRIL 13°
7.APRIL 8°
8.APRIL 10°

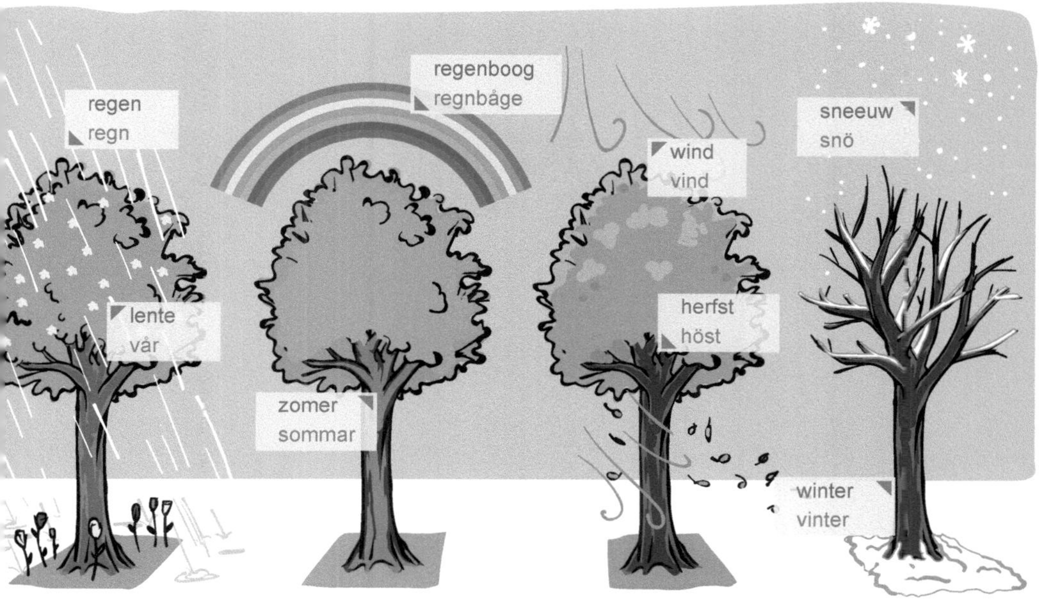

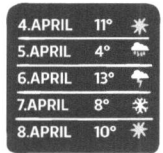

weervoorspelling

väderprognos

F
C
120
90
60
30
0
-30
40
30
20
10
0
-10
-20

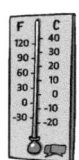

thermometer

termometer

zonneschijn

solsken

wolk

moln

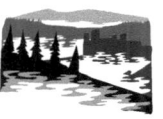

mist

dimma

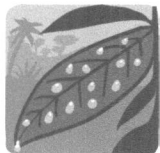

vochtigheid

luftfuktighet

bliksem

blixt

donder

åska

storm

storm

hagel

hagel

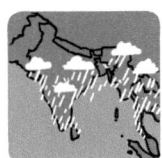

moesson

monsun

overstroming

översvämning

ijs

is

januari

januari

februari

februari

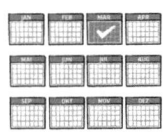

maart

mars

april

april

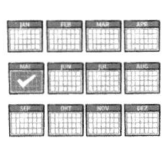

mei

maj

juni

juni

juli

juli

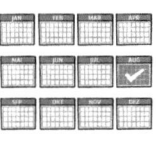

augustus

augusti

september
....
september

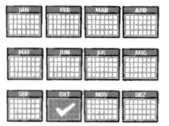

oktober
....
oktober

november
....
november

december
....
december

vormen
former

cirkel
....
cirkel

kwadraat
....
kvadrat

rechthoek
....
rektangel

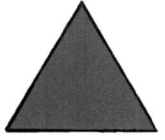

driehoek
....
triangel

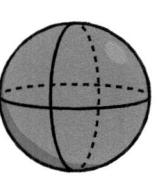

bol
....
sfär

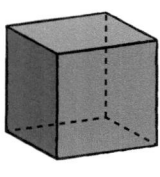

kubus
....
kub

wit

vit

geel

gul

oranje

orange

roze

rosa

rood

röd

paars

lila

blauw

blå

groen

grön

bruin

brun

grijs

grå

zwart

svart

veel / weinig

mycket / lite

boos / kalm

arg / lugn

mooi / lelijk

vacker / ful

begin / einde

början / slut

groot / klein

stor / liten

licht / donker

ljus / mörk

broer / zus

bror / syster

proper / vuil

ren / smutsig

volledig / onvolled g

komplett / ofullständig

dag / nacht

dag / natt

dood / levend

död / levande

breed / smal

bred / smal

eetbaar / oneetbaar

ätlig / oätlig

kwaadaardig / vriendelijk

ond / god

opgewonden / verveeld

upphetsad / uttråkad

dik / dun

tjock / smal

eerst / laatst

först / sist

vriend / vijand

vän / fiende

vol / leeg

full / tom

hard / zacht

hård / mjuk

zwaar / licht

tung / lätt

honger / dorst

hunger / törst

ziek / gezond

sjuk / frisk

illegaal / legaal

olaglig / laglig

intelligent / dom

intelligent / dum

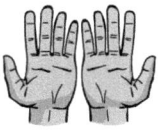

links / rechts

vänster / höger

dichtbij / veraf

nära / långt bort

nieuw / gebruikt

ny / begagnad

niets / iets

inget / något

oud / jong

gammal / ung

aan / uit

på / av

open / dicht

öppen / stängd

stil / luid

tyst / högljudd

rijk / arm

rik / fattig

juist / fout

rätt / fel

ruw / glad

grov / slät

droevig / blij

ledsen / glad

kort / lang

kort / lång

traag / snel

långsam / snabb

nat / droog

våt / torr

warm / koud

varm / sval

oorlog / vrede

krig / fred

0

nul

noll

1

één

ett

2

twee

två

3

drie

tre

4

vier

fyra

5

vijf

fem

6

zes

sex

7

zeven

sju

8

acht

åtta

9

negen

nio

10

tien

tio

11

elf

elva

12

twaalf
tolv

13

dertien
tretton

14

veertien
fjorton

15

vijftien
femton

16

zestien
sexton

17

zeventien
sjutton

18

achtien
arton

19

negentien
nitton

20

twintig
tjugo

100

honderd
hundra

1.000

duizend
tusen

1.000.000

miljoen
miljon

cijfers - siffror

Engels

engelska

Amerikaans Engels

amerikansk engelska

Chinees (Mandarijn)

kinesisk mandarin

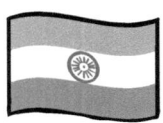

Hindi

hindi

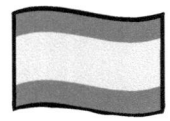

Spaans

spanska

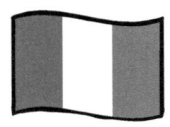

Frans

franska

Arabisch

arabiska

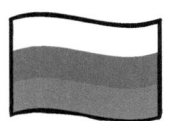

Russisch

ryska

Portugees

portugisiska

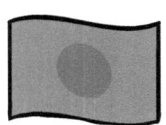

Bengali

bengali

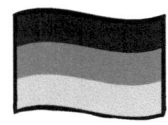

Duits

tyska

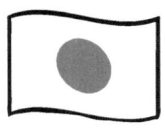

Japans

japanska

ik

jag

u

du

hij / zij / het

han / hon / den (det)

wij

vi

u

ni

ze

de

wie?

vem?

wat?

vad?

hoe?

hur?

waar?

var?

wanneer?

när?

naam

namn

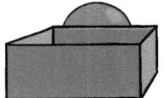

achter

bakom

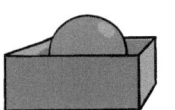

in

i

voor

framför

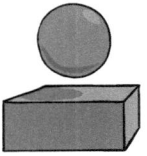

boven

över

op

på

onder

under

naast

bredvid

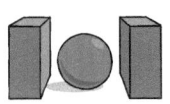

tussen

mellan

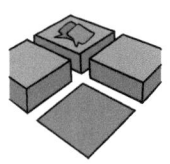

plaats

plats